KB102859

챗GPT

영어명언
필사 200

챗GPT
지 X 음
Mike Hwang

⑨ 챗GPT로 7일 만에 집필

챗GPT는 인공지능의 선두주자입니다. 네이버 지식인과 구글 검색을 합친 느낌입니다. 다만, 지식인은 답변이 달리기까지 오래 걸리고, 구글은 직접 찾아야 하지만, 챗GPT는 '즉각' 답변을 주는 점이 혁신적입니다. 그리고 '답변의 수준'이 사람보다 뛰어난 경우도 많습니다. 그래서 '잘 질문하면' 챗GPT가 글을 쓰거나 작곡을 할 수도 있습니다.

저는 책을 만들 때 약 2개월간 4천 문장 정도를 분석합니다. 과거에 다른 영어 명언 책을 만들 때, 더 좋은 문장을 찾기 위해 명언 5천개를 보며 내용에 등급을 매기고, 문법별로 분류하였습니다. 그리고 이번 영어명언 책을 만들면서 챗GPT를 활용했는데, 챗GPT는 몇 분 만에 수만 개의 명언을 보고, 가장 유명한 순서로 250개를 알려주었습니다. 250개 중에 중복된 150개를 제외하고, 이 책에 100개를 담았습니다.

영어명언의 번역에도 챗GPT를 활용했습니다. 저는 챗GPT가 번역한 것을 매끄럽게, 그리고 학습할 수 있도록 바꾸었을 뿐입니다. 챗GPT의 도움으로 이 책을 집필하는 데에는 7일이 걸렸습니다. 물론 이미 분석해놓은 명언이 있고, 혼자 디자인까지 하다보니 빠르게 만들 수 있었습니다. 그렇다 해도 한 권 집필에 몇 달씩 걸리던 것에 비하면 놀라운 일입니다.

챗GPT가 얼마나 발전할지 기대됩니다. 언어 능력은 이미 언어학자들보다 훨씬 뛰어납니다. 아마도 3년~10년 내에 뛰어난 일부 번역가를 제외하고 대부분의 번역가는 사라질 것 같습니다.

저는 반평생을 영어에 바쳤습니다. 선행학습을 하지 않아 중학생 때 저만 영어를 못했습니다. 성인이 됐을 때, 다른 사람들은 저처럼 고생하지 않기를 바랐습니다. 그래서 '1.즐거운 영어로 2.올바른 성품을 기른다'는 사명을 갖고 세상에 없던 최고의 영어책을 만들려고 했습니다. 40권 가량 출간했고, 각각은 '테마'를 담아 독자 스스로 끝까지 읽을 수 있게 다양한 요소를 추가했습니다.

더 즐겁게 영어(1.즐거운 영어)를 배우실 수 있도록 저와 챗GPT가 100번의 '명언 대결'을 합니다. 영어 교육에서는 제가 선배이니 한 수 물러주는 자세로, 챗GPT가 먼저 명언 100개를 선정했고, 저는 그것을 발전시키거나 대비되는 명언 100개를 제시했습니다.

바빠서 책을 읽을 시간이 없는 사람도 짧은 문장 하나는 읽을 수 있습니다. 이런 '명언'으로 '삶의 지혜(2.올바른 성품)'를 쉽게 얻을 수 있습니다. 이전에 이미 '영어명언 만년 다이어리'를 출간했지만, '영작'을 익히는 책이라 어려울 수 있습니다. 그래서 더 쉽게 영어공부하실 수 있도록 '필사' 책을 출간합니다.

제가 영어를 하지 않았던 반 평생은 음악(작곡, 연주)을 했습니다. 그리고 사람과 세상에 호기심이 많아서, 수천 편의 영화와 미드, 애니메이션을 봤고, 수천 권의 책과 수십만 개의 기사를 읽었습니다. 이제 5살인 챗GPT와 42살인 저 중에 누가 더 좋은 명언을 뽑았을까요? 정확한 평균 값을 먼저 맞추시는 10분께 최대 상금 100만원을 드립니다.

이벤트 주소 rb.gy/jbejp

1. (생략가능)

원어민의 발음을
듣고 따라 말한다.

생략해도 좋다.
휴대폰의 카메라로
QR코드를 비추면
원어민이 읽어 준다.
리스닝 실력을 위해
처음에는 책을
보지 않고 들으면 좋다.
받아 써보면 더욱 좋다.

2.

읽고 해석한다.

뜻을 이해하기 어렵다면
해설과 한글 해석을
참고한다.

TOP 1 / 쯘째의 이유 1

To be or not to be: that is the question.

William Shakespeare / Hamlet

해설 be동사의 원래 뜻은 '존재'를 의미한다. 주로 '~한 상태이다'로 해석한다.

존재하거나 존재하지 않거나: 그것이 문제다

윌리엄 셰익스피어 / 햄릿

Sometimes people are beautiful.

Not in looks.

Not in what they say.

Just in what they are.

Markus Zusak / I Am the Messenger

해설 전치사 in 바로 뒤에 look을 썼기에, look을 명사로 쓴 것이다.

★ 때때로 사람들은 아름답다. '그들의 모습을 때문'이 아니라. '그들이 무
엇을 말하기 때문'이 아니라. '단지 그들이 존재하기 때문'에.
마르크스 주작 / 메신저가 되다

10

6

.3

써본다.

1회 쓰는 것을 추천하지만,
반복해서 쓰면 더 좋다.

23. 6. 8.

> To be or not to be:
> that is the question.
> william Shakespeare / Hamlet

.4 (생략가능)

암송한다.

생략해도 좋다.
반복해서 읽은 후,
책을 보지 않고 말해본다.
어렵다면 '한글 해석'을 보고
영어로 말해봐도 좋다.

Sometimes people are beautiful.
Not in looks.
Not in what they say.
Just in what they are.
Markus Zusak
/ I Am the Messenger

.5

더 좋은 명언에
O을 표시한다.

합산해서 이벤트 참여!
10명에게 상금 지급.
rb.gy/jbejp

더 좋은 명언은? 🌐 VS ✳ 11

차례

TOP 1 / 존재의 이유 1

To be or not to be: that is the question.

William Shakespeare / Hamlet

해설 be동사의 원래 뜻은 '존재'를 의미한다. 주로 '~한 상태이다'로 해석한다.

존재하거나 존재하지 않거나: 그것이 문제다

윌리엄 셰익스피어 / 햄릿

Sometimes people are beautiful.

Not in looks.

Not in what they say.

Just in what they are.

Markus Zusak / I Am the Messenger

해설 전치사 in 바로 뒤에 look을 썼기에, look을 명사로 쓴 것이다.

때때로 사람들은 아름답다. '그들의 모습들 때문'이 아니라. '그들이 무엇을 말하기 때문'이 아니라. '단지 그들이 존재하기 때문'에.

마르크스 주작 / 메신저가 되다

TOP 2 / 단 하나의 꿈

I have a dream.

Martin Luther King Jr. / 1963 speech

해설 이어지는 말: 나의 네 명의 어린 자녀들이 언젠가는 그들의 피부색이 아닌 성격에 따라 판단되는 국가에서 살게 될 것이라는 꿈을.

 나는 꿈을 가진다.

마틴 루터 킹 주니어 / 1963 연설

I've never had one goal I was obsessed with, and having known people who have, I can see it's just a way to set yourself up for failure.

Tim Burton

해설 set up: 설정하다, 설치하다

✳ 저는 절대로 한 가지 목표(꿈)에 사로잡혀 지낸 적은 없었던 것 같아요. 그런 꿈을 가진 사람들을 아는데, 그건 스스로 실패를 자처하는 것임을 볼 수 있었어요.

팀 버튼

TOP 3 / 할까 말까 망설일 때

You miss 100% of the shots you don't take.

Wayne Gretzky

당신은 슛을 가져가(시도하)지 않으면 100% 놓치는 것이다.

웨인 그레츠키

A good plan, violently executed now, is better than a perfect plan next week.

George S. Patton

해설 violently는 주로 '맹렬하게'를 의미하지만, 여기에서는 '적극적으로'로 쓰였다.

＊ 지금 적극적으로 실행되는 괜찮은 계획이 다음 주의 완벽한 계획보다 낫다.

조지 S. 패튼

TOP 4 / 친구와 적

Keep your friends close, but your enemies closer.

Michael Corleone / The Godfather Part II

해설 but이 등위접속사이기에, your enemies 앞에 keep이 생략됐다.

친구들을 가까이 있게 해라, 하지만 적은 더 가까이 있게 해라.

마이클 콜레오네 / 대부2

It takes a great deal of bravery to stand up to our enemies, but just as much to stand up to our friends.

J.K. Rowling / Harry Potter and the Sorcerer's Stone

해설 great deal of: great(대단히) deal(많음) of(~의)

✳ 우리의 적들에게 맞서기 위해서는 큰 용기가 필요하다. 하지만 우리의 친구들에게 맞서기 위해서도 그렇다.

J. K. 롤링 / 해리포터와 마법사의 돌

TOP 5 / 비극의 순간

In the end, we will remember not the words of our enemies, but the silence of our friends.

Martin Luther King Jr.

해설 but은 등위접속사이기에 ','와 'but' 사이에 we will remember가 생략됐다.

(친구의 도움이 필요한) 마지막에, 우리는 우리의 적의 말을 기억하지 않을 것이다, 그러나 우리의 친구들의 침묵을 (기억할 것이다).

마틴 루터 킹 주니어

The opposite of love is not hate, it's indifference. ... And the opposite of life is not death, it's indifference.

Elie Wiesel

해설 접두어 in은 '반대'를 뜻하기도 하고, '강조'를 하기도 한다. indifference는 무관심(좋지도 나쁘지도 않은 상태, 다르지 않음)를 의미하므로 '반대'를 뜻한다.

사랑의 반대(말)는 증오가 아니다, 그것은 무관심이다...그리고 삶의 반대(말)는 죽음이 아니다, 그것은 무관심이다.

엘리 비젤

TOP 6 / 두려움만 이기면

챗GPT

The only thing we have to fear is fear itself.

Franklin D. Roosevelt / First Inaugural Address

해설 주어(we)-동사(have)로 절이 시작된 것을 알 수 있기에, thing 뒤에 that이 생략됐다.

우리가 두려워 해야할 단 하나의 것은 두려움 그 자체이다.

프랭클린 루즈벨트 / 첫번째 취임사

마이크

Fear cannot be without hope nor hope without fear.

Baruch Spinoza

해설 nor이 등위접속사이므로, hope 과 without 사이에 cannot be가 생략됐다.

✳ 두려움은 희망 없이 있을 수 없고 희망도 두려움 없이 있을 수 없다.

바뤼흐 스피노자

TOP 7 / 대단한 일을 해내는 법

The only way to do great work is to love what you do.

Steve Jobs / Stanford Commencement Address

우리가 대단한 일을 해내는 단 하나의 방법은 우리가 하는 일을 사랑하는 것이다.

스티브 잡스 / 스탠포드 대학 졸업연설

Work is much more fun than fun.

Noel Coward

해설 than 뒤의 fun을 명사로 썼다.

✴ 일은 '재미(노는 것)'보다 더욱 더 재미있다.

노엘 코워드

TOP 8 / 시도에 대하여

Do or do not. There is no try.

Yoda / Star Wars: The Empire Strikes Back

 하거나 하지마라. 시도해보는 것은 (의미)없다.

요다 / 스타워즈: 제국의 역습

God doesn't require us to succeed; he only requires that you try.

Mother Teresa

＊ 신(하나님)은 우리가 성공할 것을 요구하지 않는다; 우리가 시도할 것을 요구할 뿐이다.

마더 테레사

TOP 9 / 생각의 의미

I think, therefore I am.

René Descartes / Discourse on the Method

나는 생각한다, 그러므로 나는 존재한다.

르네 데카르트 / 방법서설

Whenever I feel the need to exercise, I lie down until it goes away.

Paul Terry

＊ 언제든 내가 운동하는 게 필요하다고 느껴지면, 나는 그것(그 생각)이 멀리 갈(사라질) 때까지 누워있는다.

폴 테리

The greatest glory in living lies not in never falling, but in rising every time we fall.

Nelson Mandela

해설 but 뒤에 The greatest glory in living lies가 생략됐다. not A but B 구문이다.

삶에서 가장 큰 영광은 절대 떨어지지 않는 것에 있지 않다, 오르는 중에 매번 떨어지는 것에 있다.

넬슨 만델라

Insanity is doing the same thing, over and over again, but expecting different results.

Narcotics Anonymous

해설 but 뒤에 Insanity is가 생략됐다.

＊ 결과가 다를 거라 기대하면서 같은 것을 반복하는 것은 미친짓이다.

약물중독자 자조집단

TOP 11 / 인생의 시험

챗GPT

The unexamined life is not worth living.

Socrates

 시험받지 않는 삶은 가치가 있는 삶이 아니다.

소크라테스

마이크

And do not lead us into temptation, But deliver us from the evil one.

Jesus / Matthew 6:13

해설 주기도문에 포함된 내용이다.

＊ 그리고 우리를 유혹(시험)에 들게 하지 마옵시고 다만 악에서 구하옵소서.

예수님 / 마태복음 6장 13절

TOP 12 / 인생에서 더 중요한 것

It does not matter how slowly you go as long as you do not stop.

Confucius

해설 as long as로 비교하는 것은 'how slowly you go'와 'you do not stop'이다.

당신이 멈추지 않는 것만큼 얼마나 느리게 가는지는 중요하지 않다.

공자

It does not matter where you are now. What is relevant is the direction that you are taking.

Bodo Schafer

✳ 현재 당신이 어떤 곳(위치, 상황)에 있는지는 중요하지 않다. 의미가 있는 것은 당신이 취하고 있는 방향이다.

보도 섀퍼

TOP 13 / 실행력의 두 가지 측면

To succeed in life, you need two things:

ignorance and confidence.

Mark Twain

 삶에서 성공하기 위해, 당신은 두 가지가 필요하다: 무식함과 자신감

마크 트웨인

It is better to remain silent at the risk of being thought a fool, than to talk and remove all doubt of it.

Maurice Switzer / Mrs. Goose, Her Book

해설 it~ to~ 구문이다. 원래 문장은 To remain silent at the risk of being thought a fool is better, ~ 이다.

✳ 조용하게 있으면서 멍청하게 생각되는 위험을 감수하는 것이, 말하고 그것의 모든 의심을 제거하는 것보다 낫다.

모리스 스위처 / 거위 여사, 그녀의 책

TOP 14 / 힘과 책임

With great power comes great responsibility.

Uncle Ben / Spider-Man

해설 도치된 문장이다. 원래 문장은 Great responsibility comes with great power.

◎ 큰 힘과 함께 큰 책임이 온다.

벤 삼촌 / 스파이더맨

People who don't have personal power like to torture those who have it.

Tim Burton

해설 이어지는 말: 개성이 강한 사람은 늘 그렇게 집단으로부터 괴물 취급을 받는 게 아닌가 싶습니다.

✳ 사람들은 자신이 가지고 있지 않은 개인적인 힘(능력)을 가진 사람을 괴롭히고 싶어 해요.

팀 버튼

TOP 15 / 함께하는 삶

ChatGPT

May the Force be with you.

Star Wars

해설 원래 문장은 The force may be with you인데, 기원하는 말에서 may를 문장 앞에 쓰기도 한다. 참고로 force의 원래 뜻은 '힘(명사)', '강요하다(동사)'이다.

⑨ 포스(신비로운 힘)가 당신과 함께하기를.

스타워즈

마이크

By all means **marry; if you get a good wife, you'll**

be happy. If you get a bad one, you'll become a

philosopher.

Socrates

해설 소크라테스의 아내(크산티페)는 악처로 알려져있다.

✳ 반드시 결혼하라; 좋은 아내를 얻으면, 행복할 것이다. 악처를 얻으면, 철학자가 될 것이다.

소크라테스

TOP 16 / 터미네이터의 지혜

챗GPT

I'll be back.

Arnold Schwarzenegger / The Terminator

내가 돌아올 것이다.

아놀드 슈왈제네거 / 터미네이터

마이크

Victory belongs to the most persevering.

Napoleon Bonaparte

＊ 승리는 가장 끈기있는 자에게 속해있다.

나폴레옹

TOP 17 / 집의 의미

There's no place like home.

Dorothy / The Wizard of Oz

해설 도로시가 힘든 여행을 하고 돌아왔을 때 쓴 표현으로, 영화 '토이스토리'에서도 사용됐다.

집 같은 장소는 (어디에도) 없다.

도로시 / 오즈의 마법사

My home is not a place, it is people.

Lois McMaster Bujold

해설 영화 '노트북'에 나온 표현 Your mother is my home과 어감이 비슷하다.

✳ 나의 집은 장소가 아니라, 사람들이다.

로이스 맥마스터 부욜

TOP 18 / 그 분이 오실 때

Life is like a box of chocolates, you never know what you're gonna get.

Forrest Gump

해설 본동사(is)가 나온 이후의 like는 '~와 같은, ~처럼'을 뜻한다.

 삶은 초콜릿 상자와 같다, 당신은 어떤 것을 얻게 될지 절대 알 수 없다.

포레스트 검프

You can know whether it is remarkable strategy or not. If it's remarkable, when you get the idea, it feels breathtaking.

Kanda Masanori / The Ultimate Strategy for a Business

＊ 탁월한 전략이 구축되었는지 여부는 금방 알 수 있다. 그것이 탁월하다면, 아이디어가 생기는 순간, 숨이 멎을 것 같은 느낌이 든다.

간다 마사노리 / 기업 최강의 전략

TOP 19 / 악을 이기는 법

The only thing necessary for the triumph of evil is for good men to do nothing.

Edmund Burke

해설 thing 다음 that이 생략됐다. that절(necessary~evil)이 문장에 삽입됐다.

악의 승리를 위해 꼭 필요한 단 하나는 좋은 사람이 아무것도 하지 않는 것이다.

에드먼드 버크

Darkness cannot drive out darkness: only light can do that. Hate cannot drive out hate: only love can do that.

Martin Luther King Jr. / A Testament of Hope

해설 darkness에서 ness는 '명사'를 만든다.

＊ 어두움은 어두움을 몰아낼 수 없다: 오직 빛이 저것을 할 수 있다. 미움은 미움을 몰아낼 수 없다: 오직 사랑이 저것을 할 수 있다.

마틴 루터 킹 주니어 / 희망의 유증

Be yourself; everyone else is already taken.

Oscar Wilde

너 자신이 돼라; 다른 사람들(의 모습, 성격)은 이미 가져가졌(존재한)다.

오스카 와일드

It is better to be hated for what you are than to be loved for what you are not.

Andre Gide / Autumn Leaves

해설   it~ to~ 구문으로 원래 문장은 To be hated for what you are is better to be hated~이다.

✳ 당신이 아닌 모습으로 사랑 받는 것보다 당신(본래)의 모습으로 증오를 받는 것이 더 낫다.

앙드레 지드 / 낙엽

TOP 21 / 삶에 맞서는 법

In three words I can sum up **everything I've learned about life: it** goes on.

Robert Frost

> 해설 in three words 뒤에 콤마(,)가 생략됐고, everything 뒤에는 that이 생략됐다.

세 단어로 내가 인생에 대해 배운 모든 것을 요약할 수 있다: 그것(삶)은 계속 된다고.

로버트 프로스트

This too **shall pass.**

Midrash

> 해설 shall은 will과 비슷하지만 must처럼 어감이 강해서 예언이나 명령할 때 쓴다.

✳ 이 또한 지나가리.

미드라쉬 (유대교 경전)

TOP 22 / 본연의 모습을 찾아야 할 이유

To be yourself in a world that is constantly trying to make you something else is the greatest accomplishment.

Ralph Waldo Emerson

◎ 세상에서 네 자신이 되는 것은 계속해서 스스로를 어떤 다른 것으로 만드는 것이고, 가장 위대한 성취이다.

랄프 왈도 에머슨

Be who you are and say what you feel, because those who mind don't matter, and those who matter don't mind.

Bernard M. Baruch

해설 those who~: ~하는 사람들

✳ 당신 자신(본연의 모습)이 되고 당신이 느낀 것을 말하라, (저것을) 신경쓰는 사람들은 (당신에게) 중요하지 않고, 그리고 저것이 중요하다고 하는 사람들은 (당신에게) 신경쓰지 않는다.

버나드 바루크

TOP 23 / 갈림길에서

Two roads diverged in a wood, and I — I took

the one less traveled by, And that has made

all the difference.

Robert Frost / The Road Not Taken

해설 로버트 프로스트의 유명한 시이다.

숲에서 두 길이 갈라졌다, 그리고 나는 — 나는 (사람들이) 덜 여행한 길을 가져갔다(선택했다). 그리고 저것이 모든 차이를 만들었다.

로버트 프로스트 / 가지 않은 길

It is better for your reputation to fail

conventionally than it is to succeed

unconventionally.

John Maynard Keynes

해설 it~ to~ 구문으로, 원래는 To fail conventionally is better for your reputation~ 이다.

✳ 당신의 평판만 생각한다면, 파격적인 방법으로 성공하기보다는 전통적인(늘 해오던) 방식대로 하다 실패하는 편이 더 좋을 것이다.

존 메이너드 케인스

TOP 24 / 첫걸음의 의미

A journey of a thousand miles begins with a

single step.

Lao Tzu

해설 trip은 journey보다 짧은 여행을 의미한다. 1마일은 1.609344km로 1000마일은 약 1609km 이다.

1000마일(1609km)의 여행도 단 한 번의 발걸음으로 시작한다.

노자

One's first step in wisdom is to question everything — and one's last is to come to terms with everything.

Georg Christoph Lichtenberg

해설 come to terms with: (어려운 일을) 수용하다

✴ 지혜로 향하는 첫걸음은 모든 것에 대해 질문하는 것이고 — 그리고 마지막 걸음은 모든 것을 수용하는 것이다.

게오르크 크리스토프 리히텐베르크

TOP 25 / 어부에게 배우는 용기

You can never cross the ocean until you have the courage to lose sight of the shore.

Christopher Columbus

당신이 해안을 보지 않을 용기를 가질 때까지 절대로 바다를 건널 수 없다.

크리스토퍼 콜럼버스

The fishermen know that the sea is dangerous and the storm terrible, but they have never found these dangers sufficient reason for remaining ashore.

Vincent Van Gogh

해설 found를 5형식으로 썼다. these dangers(목적어) sufficient reason(목적보어: 목적어를 설명하는 말). 참고로 these dangers가 복수이므로 sufficient reasons를 써야 문법이 맞다.

✳ 어부들은 바다의 위험과 폭풍우의 끔찍함을 잘 알지만, 그런 위험이 해변에 남아있어야 할 충분한 이유가 됐던 적은 없다.

빈센트 반 고흐

TOP 26 / 죽음에 관하여

I am become Death, the destroyer of worlds.

J. Robert Oppenheimer / quoting the Bhagavad Gita

해설 이 말을 한 로버트 오펜하이머는 핵폭탄을 개발한 사람이다.
문법상 have become을 써야 하는데, 힌두어에 가깝게 번역하려고 am become을 썼다.

 나는 죽음이 되었다, 세상의 파괴자인.

로버트 오펜하이머/ 바가바드기타 (힌두교의 경전)에서 인용함

To the well-organized mind, death is but the next great adventure.

J.K. Rowling / Harry Potter and the Sorcerer's Stone

＊ 마음이 잘-정리됐다면, 죽음은 다만 (인생) 다음의 멋진 모험이다.

J. K. 롤링 / 해리포터와 마법사의 돌

TOP 27 / 믿음의 힘

Believe you can and you're halfway there.

Theodore Roosevelt

당신이 할 수 있다고 믿으면 당신은 절반을 온(이룬) 것이다.

시어도어 루스벨트

Therefore I tell you, whatever you ask for in prayer, believe that you have received it, and it will be yours.

Jesus / Mark 11:24

그러므로 내가 너희에게 말하노니, 무엇이든지 기도 중에 구하는 것은 받은 줄로 믿으라, 그리하면 너희 것이 될 것이다.

예수님 / 마가복음 11장 24절

TOP 28 / 미래를 아는 법

The best way to predict the future is to create it.

Peter Drucker

해설 피터 드러커는 현대 경영학을 창시한 경영학자이다.

◎ 미래를 예상하는 가장 좋은 방법은 그것(미래)을 창조하는 것이다.

피터 드러커

Therefore do not worry about tomorrow, for tomorrow will worry about itself. Each day has enough trouble of its own.

Jesus / Matthew 6:34

✴ 그러므로 내일 일을 위하여 염려하지 말라, 왜냐하면 내일이 그것 스스로에 대해 염려할 것이다. 하루 하루는 그것이 가진 충분한 괴로움을 가진다.

예수님 / 마태복음 6:34

You must be the change you wish to see in the world.

Mahatma Gandhi

해설   you(주어) wish(동사)로 다시 절이 시작되므로 change 뒤에 that이 생략됐다.

당신 스스로 당신이 세상에서 보기를 소망하는 변화가 되어야 한다.

마하트마 간디

You can get everything in life you want only if you help enough other people get what they want.

Norman Vincent Peale

해설   help를 5형식 사역동사로 썼다. other people(목적어) get(목적 보어)

✳ 당신이 다른 사람이 소망하는 것을 얻도록 충분히 도와주는 경우에만
당신도 당신의 삶에서 소망하는 모든 것을 얻을 수 있다.

노만 빈센트 필

If you don't stand for something, you will fall for anything.

Malcolm X

당신이 무언가를 위해 지지(주장)하지 않는다면, 당신은 아무것도 아닌 것을 위해 넘어질 것이다.

맬컴 엑스

If you behave ethically, you always get loss. You should get the loss. Ethics is determination.

Moon Yong-Rin

 이 말을 한 문용린은 한국에서 40대 교육부 장관을 지냈다.

✳ 당신이 도덕적으로 행동한다면, 언제나 손해가 생긴다. 당신은 손해볼 생각을 해야한다. 도덕은 결단이다.

문용린

TOP 31 / 기회를 얻는 법

If opportunity doesn't knock, build a door.

Milton Berle

기회가 노크하지 않는다면, 문을 만들어라.

밀튼 버얼

Opportunity has hair in front, behind she is bald; if you seize her by the forelock, you may hold her, but if suffered to escape, not Jupiter himself can catch her again.

Publilius Syrus / Sententiae

＊ 기회는 앞머리에 머리카락이 있지만, 뒤로는 대머리이다; 기회의 앞머리를 붙잡으면, 그녀를 잡을 수 있지만, 놓치게 된다면, 주피터(그리스 신화의 제우스)조차 그녀를 다시 잡을 수 없다.

푸블릴리우스 시루스 / 명언집

TOP 32 / 최고의 승리

 The best revenge is massive success.

Frank Sinatra

🌀 최고의 복수는 거대한 성공이다.

프랭크 시나트라

 The best victory is when the opponent surrenders

 of its own accord before there are any actual

hostilities... It is best to win without fighting.

Sun-tzu

✳ 실제 전투가 있기 전에 적이 저절로(스스로) 항복하는 것이 최고의 승리이다... 싸우지 않고 이기는 것이 가장 좋다.

손자

TOP 33 / 실패를 극복하는 법

Success is not final, failure is not fatal:

it is the courage to continue that counts.

Winston S. Churchill

⑥ 성공은 끝이 아니다, 실패는 치명적이지 않다: 중요한 것은 (실패하고도) 계속할 용기이다.

윈스턴 처칠

That which does not kill us makes us stronger.

Friedrich Nietzsche

해설 여기서 that은 관계대명사가 아니라 대명사로 썼다.

✳ 우리를 죽이지 못하는 것은 우리를 더 강하게 만든다.

프레드리히 니체

The secret of getting ahead is getting started.

Mark Twain

 앞서게 되는 것의 비결은 시작하는 것이다.

마크 트웨인

 Do not pursue what you like, but start to like what you're given.

Inamori Kazuo

✳ 자기가 좋아하는 일을 추구하기보다는, 자기에게 주어진 일을 좋아하는 것부터 시작하라.

이나모리 가즈오

TOP 35 / 삶의 의미

Our lives begin to end the day we become

silent about things that matter.

Martin Luther King Jr.

해설 we become 앞에 that이 생략됐다.

우리의 삶은 중요한 것들에 대해 침묵하게 되는 날부터 끝나기 시작한다.

마틴 루터 킹 주니어

Work is a blessing when it helps us to think about what we're doing; but it becomes a curse when its sole use is to stop us thinking about the meaning of our life.

Paulo Coelho / Like the Flowing River

＊ 그것(노동)을 통해 우리의 행동을 돌아볼 수 있다면 노동은 축복이라네; 그러나 그것(일)의 단독적인 사용으로(일만 하고) 삶의 의미를 생각하기를 멈출 때 그것은 저주야.

파울로 코엘료 / 흐르는 강물처럼

TOP 36 / 더 노력하는 이유

The harder you work for something, the greater you'll feel when you achieve it.

Unknown

해설 the more~, the more~: ~할수록, ~하다

무언가를 위해 더 열심히 일할수록, 이룰 때 더 큰 기쁨을 느낄 것이다.

미상

These self-made millionaires almost unanimously agreed that their success was the result of always 'doing more than they were paid for.'

The Goal / Brian Tracy

＊이 스스로-부를 쌓은 백만장자들은 그들의 성공이 항상 '지불받는 것 보다 더 많은 일을 하는 것'의 결과였다고 거의 만장일치로 동의했다.

목표 성취의 기술 / 브라이언 트레이시

TOP 37 / 두려움에 맞서는 법

Not everything that is faced can be changed,
but nothing can be changed until it is faced.

James Baldwin

맞서는 모든 것이 변할 수 있는 것은 아니지만, 맞설 때까지 아무 것도 바뀔 수 없다.

제임스 볼드윈

Those who are afraid of making mistakes, are
the ones who want to do everything right. People
who are not afraid of making mistakes achieve the
extraordinary.

Bodo Schafer

✳ 실수를 두려워하는 사람은, 모든 것을 올바르게 하려고 한다. 실수를 두려워하지 않는 사람은 비범한 것을 만들어낸다.

보도 섀퍼

TOP 38 / 복수의 결과

An eye for an eye only ends up making the whole world blind.

Mahatma Gandhi

해설 an eye for an eye는 성경에 있는 구절이다. (출애굽기 21:24, 레위기 24:19~20, 신명기 19:21)

눈에는 눈이라는 것은 결국 전 세계를 눈먼 상태로 끝나게 할 뿐이다.

마하트마 간디

If you judge people, you have no time to love them.

Mother Teresa

＊ 당신이 사람들을 판단한다면, 당신은 그들을 사랑할 시간이 없다.

마더 테레사

TOP 39 / 만족하는 삶의 반전

 The greatest wealth is to live content with little.

Plato

 가장 큰 부는 적은 것에 만족하는 삶을 살아가는 것이다.

플라톤

 Who is rich? He that is content.

Who is that? Nobody.

Benjamin Franklin

해설 문법적으로 옳은 문장은 He that is content가 아니라 The one who is content이다.

✳ 부자는 누구인가? 만족하는 사람이다.
만족하는 사람은 누구인가? 그런 사람은 (세상에) 없다.

벤자민 프랭클린

TOP 40 / 두 가지 삶의 방식

Life is what happens to us while we are making other plans.

Allen Saunders

(진정한) 삶이란 우리가 다른 계획(노력, 일)을 만들지 않을 때 우리에게 생겨나는 것이다.

앨런 손더스

Live as if you were to die tomorrow. Learn as if you were to live forever.

Mahatma Gandhi

内일 죽어야될 것처럼 살아라. 영원히 살 수 있을 것처럼 배워라.

마하트마 간디

TOP 41 / 일하는 진짜 이유

A bird doesn't sing because it has an answer,
it sings because it has a song.

Maya Angelou

새가 노래하는 것은 대답이 있기 때문이 아니라, 노래가 있기 때문이다.

마야 안젤루

What's money? A man is a success if he gets up in the morning and goes to bed at night and in between does what he wants to do.

Bob Dylan

해설 and와 goes 사이, between과 does 사이에 he가 생략됐다.

✳ 돈이 무슨 소용인가? 어떤 사람이 아침에 일어나고 밤에 잠자리에 들며 그 사이에 하고 싶은 일을 한다면 그 사람은 성공한 것이다.

밥 딜런

TOP 42 / 지혜로운 사람의 특징

The only true wisdom is in knowing you know nothing.

Socrates

단 하나의 진정한 지혜는 자신이 아는 것이 없다는 것을 아는 데 있다.

소크라테스

The fool doth think he is wise, but the wise man knows himself to be a fool.

William Shakespeare / As You Like It

해설 doth는 옛날 말로 does를 의미한다.

✳ 멍청한 사람은 스스로 지혜롭다고 생각한다, 하지만 지혜로운 사람은 스스로 멍청한 것을 안다.

윌리엄 셰익스피어 / 뜻대로 하세요

TOP 43 / 가장 좋은 때

The best time to plant a tree was 20 years ago. The second best time is now.

Chinese Proverb

해설 명사를 동사로 쓰면 그 명사가 하는 대표 행위를 의미한다. plant(식물)의 대표 행위는 '심다'이다.

나무를 심기 가장 좋은 때는 20년 전이었다. 두 번째로 좋은 때는 지금이다.

중국 속담

If youth only knew: if age only could.

Henri Estienne

＊ 젊은이는 오직 알았으면 (좋겠다) 하고:
　 노인은 오직 할 수만 있다면(하고 후회한다).

앙리 에스티엔

TOP 44 / 제대로 사는 법

You only live once, but if you do it right, once is enough.

Mae West

인생은 한 번뿐이지만, 그것을 제대로 하면, 한 번으로 충분하다.

메이 웨스트

Nothing is a waste of time if you use the experience wisely.

Auguste Rodin

✳ 경험을 현명하게 사용한다면 어떤 일도 시간 낭비는 아니다.

오귀스트 로댕

TOP 45 / 성공 비법

Success is walking from failure to failure with no loss of enthusiasm.

Winston Churchill

ⓢ 성공은 열정을 잃지 않고 실패에서 실패로 걸어가는 것이다.

윈스턴 처칠

It's not about how hard you hit. It's about how hard you can get hit and keep moving forward.

Rocky Balboa / Rocky Balboa

해설 and와 keep 사이에 you can이 생략됐다.

✳ 네가 얼마나 강하게 때리느냐가 중요한 게 아니다. 네가 얼마나 강하게 맞고도 앞으로 계속 나아가느냐가 중요하다.

록키 발보아 / 영화 록키 발보아

TOP 46 / 걱정을 없애는 법

Life is 10% what happens to us and 90% how we react to it.

Charles R. Swindoll

인생은 우리에게 (실제) 일어나는 일이 10%이고, 우리가 그것에 어떻게 반응하는지에 90%가 달려있다.

찰스 R. 스윈돌

We seldom think of what we have but always of what we lack.

Arthur Schopenhauer

✳ 우리는 우리가 가진 것에 대해서는 거의 생각하지 않지만, 우리가 부족한 것에 대해서는 항상 생각한다.

쇼펜하우어

TOP 47 / 중요한 것에 집중하면

What lies behind us and what lies before us are tiny matters compared to what lies within us.

Ralph Waldo Emerson

우리 뒤에 놓인 것과 우리 앞에 놓인 것은 우리 안에 있는 것에 비교하면 아주 작은 일이다.

랄프 왈도 에머슨

If you think you're an entrepreneur, you don't have to care about the words from cold and timid souls. There are many people who're eager to blame others.

Bae Ki-Hong / Startup Bible

✳ 스스로 사업가라고 생각한다면 주위의 차갑고 겁 많은 영혼들의 말에 신경 쓸 필요가 없다. (이 세상에는) 다른 이를 비난하는 데 열을 올리는 사람이 너무도 많다.

배기홍 / 스타트업 바이블

A person who never made a mistake never tried anything new.

Albert Einstein

한 번도 실수하지 않은 사람은 새로운 것을 절대로 시도해본 적이 없는 사람이다.

알버트 아인슈타인

You've gotta dance like there's nobody watching,

Love like you'll never be hurt,

Sing like there's nobody listening,

And live like it's heaven on earth.

William W. Purkey

＊ 당신은 누구도 보지 않는 것처럼 춤춰야 한다. 당신이 절대 상처받지 않을 것처럼 사랑해야 한다. 누구도 듣고있지 않는 것처럼 노래해야 한다. 그리고 지상에서 천국인 것처럼 살아야 한다.

윌리엄 퍼키

TOP 49 / 말보다 행동

The way to get started is to quit talking and begin doing.

Walt Disney

시작하는 방법은 말하기를 그만두고 행동에 옮기는 것이다.

월트 디즈니

It does not do to dwell on dreams and forget to live.

J.K. Rowling / Harry Potter and the Sorcerer's Stone

해설 일종의 it~ to~구문으로, 원래 문장은 To dwell on dreams and to forget to live does not do 이다.

 아무것도 하지 않는 것은 꿈속에서 사는 것이거나 사는 법을 잊은 것이다.

J. K. 롤링 / 해리포터와 마법사의 돌

TOP 50 / 바다를 건너는 법

You can't cross the sea merely by standing and staring at the water.

Rabindranath Tagore

 단지 물을 바라보며 서 있으면 바다를 건널 수 없다.

라빈드라나트 타고르

If you want to build a ship, don't drum up people to collect wood and don't assign them tasks and work, but rather teach them to long for the endless immensity of the sea.

Antoine de Saint-Exupery

✳ 당신이 배를 만들고 싶다면, 북을 쳐서 사람들에게 목재를 모으게 하거나 업무와 일을 할당하지 말라. 대신 그들에게 저 끝없이 거대한 바다를 동경하게 가르쳐라.

생텍쥐페리

You can't build a reputation on what you're going to do.

Henry Ford

🌀 당신이 (앞으로) 할 것에 대한 것으로 평판을 만들 수 없다.

헨리 포드

A good name, like good will, is got by many actions and lost by one.

Lord Jeffery

✳ 좋은 이름(평판)은 좋은 의도와 마찬가지로 많은 행동으로 얻어지고 하나의 행동으로 잃게 된다.

제프리 경

TOP 52 / 세상에서 가장 중요한 것

  The best and most beautiful things in the

world cannot be seen or even touched

— they must be felt with the heart.

Helen Keller

세상에서 가장 그리고 최고로 아름다운 것들은 볼 수도 만질 수도 없다 — 그것들은 마음으로 느껴져야 한다.

헬렌 켈러

 Here is my secret. It is very simple: one sees well

only with the heart. The essential is invisible to

the eyes.

Antoine de Saint-Exupery / Le Petit Prince

✳ 내 비밀은 바로 이거야. 정말 간단해: 누군가 마음으로 볼 때만 진정으로 볼 수 있어. 가장 중요한 것은 눈에는 보이지 않거든.

생텍쥐페리 / 어린왕자

To live is the rarest thing in the world.

Most people exist, that is all.

Oscar Wilde

살아있음은 이 세상에서 가장 드문 것이다. 대부분의 사람들은 그저 존재하는 게 전부이다.

오스카 와일드

The white lily, blooming unseen in the valley,

Does not need to explain itself to anyone; It lives

merely for beauty. Men, however, cannot accept

that 'merely'.

Paulo Coelho / Like the Flowing River

보이지 않는 골짜기에 핀 백합은, 누구에게도 자신을 설명할 필요가 없다; 꽃은 단지 아름다움을 위해 산다. 하지만 사람들은 '단지(제 모습 그대로)'를 받아들이지 못한다.

파울로 코엘료 / 흐르는 강물처럼

TOP 54 / 고난의 장점 1

A smooth sea never made a skilled sailor.

Franklin D. Roosevelt

 잔잔한 바다는 능력 있는 선원을 만들지 못한다.

프랭클린 D. 루스벨트

 Life is a tragedy when seen in close-up, but a comedy in long-shot.

Charlie Chaplin

＊ 인생은 가까이서 보면 비극이지만 멀리서 보면 희극이다

찰리 채플린

TOP 55 / 생각의 힘 2

 The only limit to our realization of tomorrow will be our doubts of today.

Franklin D. Roosevelt

 내일의 실현에 대한 우리의 유일한 한계는 우리가 가진 오늘의 의심일 것이다.

프랭클린 D. 루스벨트

 Everything you can imagine is real.

Pablo Picasso

＊ 당신이 상상할 수 있는 모든 것은 진짜다.

파블로 피카소

TOP 56 / 내 인생을 사는 법

 Your time is limited, don't waste it living someone else's life.

Steve Jobs

당신의 시간은 한정되어 있으니, 다른 사람의 인생을 사느라 시간을 낭비하지 마라.

스티브 잡스

 The difference between successful people and really successful people is that really successful people say 'no' to almost everything.

Warren Buffett

✳ 성공적인 사람들과 뛰어나게 성공적인 사람들 간의 차이는 뛰어나게 성공적인 사람들은 거의 모든 것에 '아니오'를 말한다(거절한다).

워렌버핏

TOP 57 / 남을 다루는 법

To handle yourself, use your head; to handle others, use your heart.

Eleanor Roosevelt

자신을 다루려면, 머리를 써라; 남을 다루려면, 마음을 써라.

엘리너 루스벨트

When dealing with people, let us remember we are not dealing with creatures of logic. We are dealing with creatures of emotion, creatures bustling with prejudices and motivated by pride and vanity.

Dale Carnegie

✳ 우리가 사람을 대할 때, 논리의 동물을 대하고 있지 않다는 점을 기억하게 해라. 우리는 감정의 동물이자, 편견으로 (마음이) 분주하고 자존심과 허영에 따라 움직이는 동물과 상대하고 있는 것이다.

데일 카네기

TOP 58 / 지금 행복해야 할 이유

Happiness is not something you postpone for the future; it is something you design for the present.

Jim Rohn

행복은 미래를 위해 미루는 것이 아니라; 현재를 위해 디자인하는 것이다.

짐 론

We make ourselves ill earning money, and then spend all our money on getting well again. We think so much about the future that we neglect the present

Jaime Cohen / Like the Flowing River

＊우리는 돈을 벌기 위해 몸을 상하게 만들고, 다시 건강해지기 위해 모든 돈을 쓴다. 우리는 미래에 대해 너무 많이 생각해서 현재를 소홀히 한다.

제임 코헌 / 흐르는 강물처럼

TOP 59 / 오늘의 의미

What you do today can improve all your tomorrows.

Ralph Marston

 오늘 당신이 하는 일은 내일의 모든 것을 개선할 수 있다.

랄프 마스턴

Yesterday, you said tomorrow. Just do it.

Nike Advertisement

＊ 어제, 너는 내일(한다고)을 말했다. 단지 (핑계 대지 말고) 그것을 해라.

나이키 광고

TOP 60 / 고난의 장점 2

Hardships often prepare ordinary people for an extraordinary destiny.

C.S. Lewis

고난은 종종 보통 사람들을 비범한 운명을 위해 준비시킨다.

C.S. 루이스

Poverty and adversity were the God's gifts to train me.

Inamori Kazuo / Why Do You Work

굶주림과 역경은 나를 단련시키기 위해 신(하나님)이 내게 준 선물이었다.

이나모리 가즈오 / 왜 일하는가

TOP 61 / 도전 앞에서

You are never too old to set another goal or to dream a new dream.

C.S. Lewis

새로운 목표를 설정하거나 새로운 꿈을 꾸기에 너무 늦은 것은 없다.

C.S. 루이스

Twenty years from now you will be more disappointed by the things that you didn't do than by the ones you did do...

Explore. Dream. Discover.

H. Jackson Brown Jr. / P.S. I Love You

✳ 지금부터 20년간 당신은 다른 사람들에 의해 당신이 했던 일보다 당신이 하지 않은 일로 더욱 실망할 것이다...
탐험하라. 꿈꿔라. 발견하라.

H. 잭슨 브라운 주니어 / 추신: 당신을 사랑합니다.

TOP 62 / 종일 시계만 본다면

Don't watch the clock; do what it does. Keep going.

Sam Levenson

시계를 보지 말고; 시계가 하는 일을 따라하라. (시계처럼) 계속 가라.
샘 레빈슨

Jim, I hope someday you get a job on which you don't have to look at your watch all day.

Sid Vicious

해설 clock은 벽걸이 시계나 탁상 시계, watch는 손목 시계를 뜻한다.

✳ 짐, 언젠가는 하루종일 시계만 쳐다보지 않아도 되는 일을 찾길 바라.
시드 비셔스

TOP 63 / 실패에 맞서는 법

 We may encounter many defeats, but we must not be defeated.

Maya Angelou

 우리는 많은 패배를 맞닥뜨릴 수 있지만, 결코 패배당해서는 안 된다.

마야 안젤루

 Whether you prevail or fail, endure or die, depends more on what you do to yourself than on what the world does to you.

Jim Collins / How the Mighty Fall

✳ 승승장구하느냐, 실패하느냐, 지속되느냐, 몰락하느냐. 이 모든 것은 환경(세상이 당신에게 무엇을 하느냐)보다는 스스로 어떻게 하느냐에 달려있다.

짐 콜린스 / 위대한 기업은 다 어디로 갔을까

TOP 64 / 마음 먹기 비결

Whether you think you can or you think you can't, you're right.

Henry Ford

🌀 당신이 할 수 있다고 생각하든 할 수 없다고 생각하든, 그 생각이 맞다.

헨리 포드

Folks are usually about as happy as they make their minds up to be.

Abraham Lincoln

✳ 사람들은 보통 그들이 마음먹은 만큼 정도까지 행복하다.

에이브러햄 링컨

TOP 65 / 불가능을 가능하게 1

It always seems impossible until it's done.

Nelson Mandela

일이 이뤄지기 전까지는 항상 불가능해 보인다.

넬슨 만델라

For people to be great, to accomplish the impossible, they need inspiration more than financial incentive.

Randy Komisar / The Monk and the Riddle

＊ 사람들이 대단해지고, 불가능한 것을 달성하려면, 그들은 금전적인 보상보다 영감(감동)이 더 필요하다.

랜디 코마사 / 승려와 수수께끼

TOP 66 / 불가능을 가능하게 2

The only way to achieve the impossible is to believe it is possible.

Charles Kingsleigh / Alice in Wonderland

해설 찰스 킹즐리는 팀 버튼의 영화 '이상한 나라의 앨리스'에 나오는 앨리스의 아빠이다.

 불가능한 것을 이루는 유일한 방법은 가능하다고 믿는 것이다.

찰스 킹즐리 / 이상한 나라의 앨리스

With man this is impossible, but not with God; all things are possible with God.

Jesus / Mark 10:27

✳ 신(하나님) 없이, 사람과 함께는 이것이 불가능하다, (그러나) 신과 함께는 모든 것들이 가능하다.

예수님 / 마가복음 10장 27절

TOP 67 / 가진 것의 소중함

You have brains in your head. You have feet in your shoes. You can steer yourself any direction you choose.

Dr. Seuss

당신은 머릿속에 두뇌가 있고, 신발에 발이 있다. 당신은 원하는 방향으로 스스로를 이끌어갈 수 있다.

닥터 수스

I had the blues because I had no shoes,

Until upon the street, I met a man who had no feet.

Saadi Shirazi

나는 신발이 없어서 울적했다,
거리에서, 발이 없는 사람을 만날 때까지.

사디 시라지

TOP 68 / 힘든 일에 대처하는 법

  Life is a succession of lessons which must be lived to be understood.

Ralph Waldo Emerson

⑤ 인생은 이해되기 위해 살아져야만 하는 연속된 교훈들이다.

랄프 왈도 에머슨

  Whenever God wants to send you a gift, he wraps it up in a problem. The bigger the gift, the bigger the problem it comes wrapped up in.

Brian Tracy / Many Miles to Go

해설 the more~, the more~ : ~할수록, 더 ~하다

✳ 신(하나님)은 당신에게 선물 주기를 원할 때마다, 그 선물을 문제(라는 포장지)로 싼다. 선물이 클수록, 그것을 싼 문제도 더욱 커지게 마련이다.
브라이언 트레이시 / 괜찮아, 좌절하고 방황해도 포기하지 않는다면

TOP 69 / 변화하는 용기

It is never too late to be what you might have been.

George Eliot

해설 '과거의 조동사+have p.p.'는 '과거에 ~할 수도 있었던 것(실제로는 하지 못한 것)'을 나타낸다. it~ to~ 구문으로 원래의 문장은 To be what you might have been is never too late이다.

되고 싶었던 사람이 되기에 너무 늦은 때란 절대 없다.

조지 엘리어트

Everyone thinks of changing the world, but no one thinks of changing himself.

Leo Tolstoy

✳ 모두가 세상을 변화시킨다고 생각하지만, 누구도 스스로 변하겠다고 생각하지는 않는다.

레프 톨스토이

The power of imagination makes us infinite.

John Muir

🌀 상상력의 힘은 우리를 무한하게 만든다.

존 뮤어

Logic will get you from A to Z; imagination will get you everywhere.

Albert Einstein

✳ 논리는 당신에게 A에서 Z까지 가게 할 것이다; 상상은 당신을 어디든 가게 할 것이다.

알버트 아인슈타인

TOP 71 / 어려운 길 앞에서

The best way out is always through.

Robert Frost

가장 좋은 출구는 항상 그 길을 통과하는 것이다.

로버트 프로스트

The fastest way to succeed is only one way. It's finding values **in your present work.**

Kanda Masanori / The Revenge of Ordinary People.

＊'가장 빠르게 성공하는 길'은 한 가지밖에 없다. 그것은 '지금 하는 일에서 가치를 발견하는 것'이다.

간다 마사노리 / 큰돈버는 기회는 모두가 어렵다고 할 때 찾아온다

TOP 72 / 생각의 힘 1

What we think, we become.

Buddha

🌀 우리가 생각하는 무엇으로, 우리가 된다.

부처님

We accept the love we think we deserve.

Stephen Chbosky / The Perks of Being a Wallflower

✳ 우리는 우리가 받아도 될 자격이 있다고 생각하는 사랑을 받아들인다.

스티븐 크보스키 / 월플라워

TOP 73 / 더 빠르게 가는 법

I can't change the direction of the wind, but I can adjust my sails to always reach my destination.

Jimmy Dean

바람의 방향을 바꿀 순 없지만, 항상 목적지에 도달할 수 있도록 나의 돛들을 조절할 수 있다.

지미 딘

If you are clear with what you want, the world responds with clarity.

Loretta Staples

✳ 자신이 원하는 것을 명확히 알면, 세상도 명확하게 응답한다.

로레타 스테이플스

TOP 74 / 성공에 가장 중요한 것

In order to succeed, we must first believe that we can.

Nikos Kazantzakis

성공하기 위해, 먼저 우리가 할 수 있다고 믿어야 한다.

니코스 카잔차키스

The pessimist says, "I'll believe it when I see it."

The optimist says, "I'll see it when I believe it."

Robert Schuller

✳ 비관주의자들은 보통 이렇게 말한다. "내 눈으로 그것을 봐야 믿습니다."
낙관주의자들은 이렇게 말한다. "제가 그것을 믿으면 보이게 됩니다."

로버트 슐러

No one can make you feel inferior without your consent.

Eleanor Roosevelt

당신의 동의 없이는 아무도 당신을 열등하게 만들 수 없다.

엘리너 루스벨트

You are somebody because God doesn't take time to make a nobody.

Zig Ziglar / See You at the Top

✳ 신(하나님)은 의미 없는 것을 만드느라 시간을 낭비하진 않기에 당신은 특별한 존재예요.

지그 지글러 / 정상에서 만납시다

TOP 76 / 목표를 이루는 법

A goal without a plan is just a wish.

Antoine de Saint-Exupery

ⓖ 계획 없는 목표는 그저 소망일 뿐이다.

생텍쥐페리

To be more successful, Write down your goals, make plans to achieve them, and work on your plans every single day.

Brian Tracy / The Goal

＊더욱 성공하기 위해, 목표를 설정하고, 그것을 성취하기 위한 계획을 세우고, 날마다 그 계획을 위해 노력하십시오.

브라이언 트레이시 / 목표 성취의 기술

TOP 77 / 리더가 되는 법

The only person you are destined to become is the person you decide to be.

Ralph Waldo Emerson

당신이 되어야 할 오직 하나의 예정된 사람은 당신이 되기로 결정한(마음먹은) 사람이다.

랄프 왈도 에머슨

Leaders don't exist only at the top. When a person realizes the purpose of his life and decides to achieve it 100 percent, he becomes a leader.

Honda Ken / Happy Money

✳ 리더는 결코 맨 위에만 존재하는 게 아냐. 어떤 사람이 그의 인생의 목적을 깨닫고 그것을 100퍼센트 달성하기로 결정했을 때, 그는 리더가 되는 거야.

부와 행복의 법칙 / 혼다 켄

TOP 78 / 꿈의 위대함

The future belongs to those who believe in the beauty of their dreams.

Eleanor Roosevelt

해설 those who는 '~하는 사람들'을 의미한다.

미래는 그들이 가진 꿈의 아름다움을 믿는 이들에게 속한다.

엘리너 루스벨트

It's not about fabric, it's about dreams.

Ralph Lauren

해설 이 말을 한 미국 패션 디자이너 랄프 로렌은 자신의 이름을 딴 의류 회사 랄프 로렌을 만들었다.

✳ (내가 파는) 그것은 천(옷)이 아니라, 꿈입니다.

랄프 로렌

TOP 79 / 도전하는 법

Dream big and dare to fail.

Norman Vaughan

🌀 큰 꿈을 꾸고 과감하게 실패해라.

노만 본

✳ It is impossible to live without failing at something, unless you live so cautiously that you might as well not have lived at all — in which case, you fail by default.

J.K. Rowling

✳ 뭔가에 실패하는 것 없이 사는 것은 불가능하다, 만약 당신이 아주 조심스럽게 살아서 전혀 살지 않은 것과 같다면 — 그 경우에, 당신은 자연스럽게(아무 것도 하지 않으므로) 실패한다.

J.K. 롤링

TOP 80 / 믿음에 관하여

The only thing that stands between you and your dream is the will to try and the belief that it is actually possible.

Joel Brown

당신과 꿈 사이에 서있는 유일한 것은 시도하려는 의지와 그것이 실제로 가능하다고 믿는 것이다.

조엘 브라운

To believe with certainty we must begin with doubting.

Stanislaw Leszczynski

✳ 확실히 믿으려면 우리는 먼저 의심해야만 한다.

스타니슬라브 레친스키

TOP 81 / 가장 큰 위험

The biggest risk is not taking any risk.

Mark Zuckerberg

가장 큰 위험은 아무런 위험도 감수하지 않는 것이다.

마크 저커버그

Do the one thing you think you cannot do. Fail at it. Try again. Do better the second time. The only people who never tumble are those who never mount the high wire.

Oprah Winfrey

✳ 할 수 없을 것 같은 일을 하라. 실패하라. 다시 시도하라. 두 번 째에는 더 잘 해보라. 넘어져 본 적이 없는 사람은 단지 높은 줄(위험)에 올라가지 않는 사람뿐이다.

오프라 윈프리

더 좋은 명언은? VS ✳ 171

TOP 82 / 내일을 준비하는 법

The best preparation for tomorrow is doing your best today.

H. Jackson Brown Jr.

ⓖ 내일을 대비하는 최선의 방법은 오늘 최선을 다하는 것이다.

H. 잭슨 브라운 주니어

The future depends on what we do in the present.

Mahatma Gandhi

✳ 미래는 현재 우리가 무엇을 하는가에 달려 있다.

마하트마 간디

TOP 83 / 행복의 조건

 Success is not the key to happiness.

 Happiness is the key to success. If you love

what you are doing, you will be successful.

Albert Schweitzer

성공이 행복의 열쇠가 아니다. 행복이 성공의 열쇠다. 당신이 하는 일을 사랑한다면, 당신은 성공할 것이다.

알베르트 슈바이처

 In order that people may be happy in their work,

these three things are needed: They must be fit

for it. They must not do too much of it. And they

must have a sense of success in it.

John Ruskin

사람이 자기가 하는 일에서 행복을 얻기 위해서는, 세 가지 조건이 충족되어야 한다: 그 일이 잘 맞아야(좋아야) 한다. 그 일을 너무 많이 해서는 안 된다. 그 일에서 성공하리라는 느낌이 있어야만 한다.

존 러스킨

TOP 84 / 말장난

I'm not a businessman, I'm a business, man.

Jay-Z

나는 사업가가 아니다, 내가 (바로) 사업이다, 친구야.

제이-Z

Why do men make better coffee?

Because the Bible says "Hebrews."

Unkown

✳ 왜 남자들이 더 좋은(맛있는) 커피를 만드는가?
    왜냐하면 성경은 "히브리서(그가 끓인다)"라고 말하기 때문에.

미상

TOP 85 / 지혜로운 삶의 방식

Life moves pretty fast. If you don't stop and look around once in a while, you could miss it.

Ferris Bueller's Day Off

인생은 꽤 빠르게 움직인다. 가끔 멈추고 주변을 둘러보지 않으면, 그것을 놓칠 수도 있다.

페리스 뷰러의 낮잠

There are only two ways to live your life. One is as though nothing is a miracle. The other is as though everything is a miracle.

Albert Einstein

＊ 당신의 인생을 사는 데에는 두 가지 방법밖에 없다. 하나는 기적이 없는 것처럼 (사는 것)이고. 다른 하나는 모든 것이 기적인 것처럼 (사는 것)이다.

알버트 아인슈타인

Not all those who wander are lost.

J.R.R. Tolkien

 방황하는 모든 이들이 길을 잃은 것은 아니다.

J.R.R. 톨킨

 The test of a vocation is the love of the drudgery it involves.

Logan Pearsall Smith

✳ 천직인지 아닌지 알아보려면 그 일에 관련된 궂은일을 사랑하는지 보라.

로건 피어솔 스미스

TOP 87 / 실패의 재발견

 I have not failed. I've just found 10,000 ways that won't work.

Thomas Edison

 나는 실패하지 않았다. 나는 단지 10,000개의 안되는 방법을 찾은 것뿐이다.

토마스 에디슨

Even the most successful men fail 8 of 10. But they do the 8 failures as fast as they can, even without money. And they focus and invest on the 2 successful things. So they succeed.

Kanda Masanori / Your Company Will Profit in 90 Days

✳ 가장 성공적인 사람도 10중 8은 실패합니다. 하지만 그들은 그 8의 실패를 가능한 빨리, 그것도 돈을 들이지 않고 합니다. 그리고 성공하는 2개만을 집중해서 투자를 합니다. 그렇기 때문에 성공하는 것입니다.

간다 마사노리 / 90일만에 당신의 회사를 고수익 기업으로 바꿔라

TOP 88 / 나비와 벌

ChatGPT

Float like a butterfly, sting like a bee.

Muhammad Ali

나비처럼 떠돌아, 벌처럼 쏘다.

무하마드 알리

마이크

Bees and butterflies fly to flowers not becuase of the colors, but the scent. Color is your appearance; scent is your inner beauty.

Lee Oi-Soo / Invincible Youth

✳ 벌나비가 꽃에게 날아드는 이유는 꽃의 빛깔 때문이 아니라, 꽃의 향기 때문이다. 빛깔은 겉모습이고; 향기는 내적 아름다움이다.

이외수 / 청춘불패

TOP 89 / 미쳤다고 하는 이유

 People who are crazy enough to think they can change the world, are the ones who do.

Apple Inc.

해설 do는 change 대신 쓴 것이다.

세상을 바꿀 수 있다고 생각하는 충분히 미친 사람들이야말로, 그것을 하는(바꾸는, 실현하는) 이들이다.

애플 기업

 Those who were seen dancing were thought to be insane by those who could not hear the music.

Friedrich Nietzsche

＊ 음악을 듣지 못하는 사람들에게는 춤추는 사람들이 미친 것으로 여겨졌다.

프레드리히 니체

The truth is, everyone is going to hurt you.

You just got to find the ones worth suffering

for.

Bob Marley

 사실은, 모든 사람이 당신을 상처 입힐 것이다. 당신은 그저 고통을 받을 가치가 있는 이들을 찾아야 할 뿐이다.

밥 말리

 Love all, trust a few, do wrong to none.

William Shakespeare / All's Well That Ends Well

해설 few는 2~3을, several은 4~5을 의미한다.

✳ 모두를 사랑하고, 2~3명만 신뢰하라, 누구에게도 잘못하지 마라.
윌리엄 셰익스피어 / 끝이 좋으면 다 좋아

TOP 91 / 운명에 맞서는 법

It is not in the stars to hold our destiny but in ourselves.

William Shakespeare

해설 it~ to~와 not A but B를 활용한 구문으로, 원래 문장은 To hold our destiny is not in the stars but in ourselves 이다.

우리의 운명을 쥐고 있는(결정하는) 것은 별자리가 아니라 우리 자신이다.

윌리엄 셰익스피어

Control your own destiny or someone else will.

Jack Welch

해설 or를 '그렇지 않으면'으로, and를 '그러면'으로 쓸 수도 있다.

✳ 당신의 운명을 통제하라. 그렇지 않으면 남이 당신의 운명을 (통제)할 것이다.

잭 웰치

TOP 92 / 왕의 자격

I'm the king of the world!

Jack Dawson / Titanic

 나는 세상의 왕이다!

잭 도슨 / 타이타닉

All streams **flow to the sea because it is lower than they are.** Humility **gives it its power.**

Lao Tzu

해설 4형식 문장으로, it(누구에게)-its power(무엇을) 구조이다.

✳ 모든 시냇물은 바다로 흐르는데, 그것이 더 낮기 때문이다. 겸손함이 그것(바다)에게 그 힘을 부여한다.

노자

TOP 93 / 시간 관리 비법

All we have to decide is what to do with the time that is given us.

J.R.R. Tolkien

우리가 결정해야 할 모든 것은 주어진 시간에 무엇을 할 것인지이다.

J.R.R. 톨킨

Identify your number one priority and reserve your best time for it!

Alec Mackenzie / The Time Trap

✳ 첫 번째 우선 순위를 파악하고 그것을 위해 가장 좋은 시간을 둬라!

앨릭 매켄지 / 결심을 실천으로 바꿔주는 타임전략

TOP 94 / 거짓말의 위험

If you tell the truth, you don't have to remember anything.

Mark Twain

(거짓말하지 않고) 진실을 말하면, 아무것도 기억할 필요가 없다.

마크 트웨인

I'm not upset that you lied to me, I'm upset that from now on I can't believe you.

Friedrich Nietzsche

해설 be동사 뒤에 that절을 쓰면 '~해서'로 해석한다.

＊ 나는 당신이 나에게 거짓말을 해서 속상한 것이 아니다, 지금부터 내가
당신을 믿을 수 없기에 속상하다.

프레드리히 니체

TOP 95 / 나를 아는 법

ChatGPT

I am not a product of my circumstances. I am a product of my decisions.

Stephen Covey

나는 나의 환경에 의한 결과물이 아니다. 나는 나의 결정에 의한 결과물이다.

스티븐 코비

마이크

It is our choices, Harry, that show what we truly are, far more than our abilities.

J.K. Rowling / Harry Potter and the Chamber of Secrets

해설 it~ that~ 구문으로, 원래의 문장은 That show what we truly are, far more than our abilities is our choices, Harry이다.

✻ 그것은 우리의 선택이다, 해리야, 우리의 능력보다 저것(선택)은 우리가 진짜로 어떤 사람인지를 보여준다.

J. K. 롤링 / 해리포터와 비밀의 방

TOP 96 / 미래를 대하는 법

챗GPT

The best way to predict the future is to invent it.

Alan Kay

⑥ 미래를 예측하는 가장 좋은 방법은 미래를 발명하는 것이다.

앨런 케이

마이크

When you relinquish the desire to control your future, you can have more happiness.

Nicole Kidman

✳ 미래를 좌지우지하겠다는 욕망을 포기할 때 더 행복해질 수 있다.

니콜 키드먼

TOP 97 / 천재의 특징

 The difference between genius and stupidity

is that genius has its limits.

Albert Einstein

 천재성과 어리석음의 차이는 천재성에는 한계가 있다는 것이다.

알베르트 아인슈타인

 Man is a genius when he is dreaming.

Akira Kurosawa

해설 man은 '남자'가 아니라, '사람'을 일컬을 때도 많다.

✳ 사람은 꿈을 꿀 때 천재가 된다.

구로사와 아키라

We are all in the gutter, but some of us are looking at the stars.

Oscar Wilde

우리 모두는 시궁창에 누워 있지만, 그 중 일부는 별을 바라보고 있다.

오스카 와일드

Two men looked out from prison bars,

One saw the mud, the other saw stars.

Dale Carnegie / How to Stop Worrying and Start Living

✳ 두 사람이 감옥 창살 밖을 보았네.

한 사람은 (땅의) 진흙탕을 보고, 한 사람은 별을 보았다네.

데일 카네기 / 자기관리론

TOP 99 / 환경을 이기는 법

The first step toward success is taken when you refuse to be a captive of the environment in which you first find yourself.

Mark Caine

성공으로 향하는 첫걸음은 자신이 처음 발견한 환경에 포로가 되는 것을 거부할 때 시작된다.

마크 케인

There is always a choice about the way you do your work, even if there is not a choice about the work itself.

Stephen C. Lundin / Fish!

비록 당신이 어떤 일을 하는가에 있어서는 선택의 여지가 없다 하더라도, 당신이 어떤 방법으로 그 일을 할 것인가에 대해서는 항상 선택의 여지가 있다.

스티브 런딘 / 펄떡이는 물고기처럼

TOP 100 / 두려움을 줄이는 법

I have learned over the years that when one's mind is made up, this diminishes fear.

Rosa Parks

해설 up은 '위로' 말고도, 강조의 뜻으로 '제대로, 확실히'의 어감도 갖고 있다.

수년 동안 배운 것 중 하나는 마음을 결정하면, 두려움이 줄어든다는 것이다.

로자 파크스

I simply remember my favorite things. And then I don't feel so bad.

Maria Rainer / The Sound of Music

✳ 나는 그저 내가 가장 좋아하는 것들을 기억(생각)한다. 그러면 나는 기분이 아주 나쁘지는 않게 된다.

마리아 라이너 / 사운드 오브 뮤직

정리

🌀 챗GPT가 더 좋았던 명언은 몇 개였습니까?

✳ **Mike Hwang이 더 좋았던 명언은 몇 개였습니까?**

적어주신 챗GPT의 영어명언 개수와
Mike Hwang의 영어명언 개수를 합치면 100개여야만 합니다.

이 곳에 참여해주시면 10분께 상금을 드립니다.

 rb.gy/jbejp

🔵 **가장 마음에 든 영어명언** 2개를 번호와 함께 적어주세요.

TOP

TOP

1 / 사랑

Love is the whisper of hearts, bound by unspoken words and invisible threads.

사랑은 말하지 않은 말과 보이지 않는 실로 연결된 마음의 속삭임이다.

2 / 불륜

Affairs are like wildfires, consuming trust and leaving scorched hearts.

불륜은 신뢰를 태우고 상처 남긴 마음을 남기는 산불과 같다.

3 / 복수

Revenge is a hollow victory, poisoning hearts with bitterness.

복수는 가슴에 쓴맛을 남기는 빈약한 승리이다.

4 / 행복

Happiness is a choice, born from gratitude and simplicity.

행복은 (일종의) 선택으로 감사와 단순함에서 태어난다.

5 / 인생

Life is a mosaic of moments, embracing beauty in impermanence.

인생은 덧없는 순간들의 모자이크이며, 불멸의 아름다움을 받아들인다.

6 / 늙는 것

Growing old is nature's poetry, each wrinkle a stanza of experience.

늙는 것은 자연의 시이다, 각각의 주름은 경험의 시구이다.

7 / 성인

 Adulthood is a journey, embracing wisdom, responsibility, and growth.

성인이 되는 것은 지혜, 책임, 성장을 받아들이는 여정이다.

8 / 죽음

 Death is the final chapter, lending urgency to life's precious moments.

죽음은 마지막 장이자, 인생의 소중한 순간에 급박함을 부여한다.

9 / 질병

 Disease is a reminder of our mortality, urging us to embrace life's precious moments.

질병은 죽음에 대한 우리의 인식을 상기시켜, 인생의 소중한 순간을 받아들일 것을 재촉한다.

10 / 꿈

 Dreams are whispers of the soul, guiding us toward our purpose.

꿈은 영혼의 속삭임이며, 우리의 목적을 향해 이끈다.

11 / 일

 Work is the canvas of our lives, colored by dedication and purpose.

일은 우리 인생의 캔버스로, 헌신과 목적으로 채색된다.

12 / 공부

 Study is the key that unlocks the door to knowledge and wisdom.

공부는 지식과 지혜의 문을 열어주는 열쇠이다.

13 / 목표

Goals are stepping stones, bridging the gap between dreams and reality.

목표는 꿈과 현실 사이의 틈을 메우는 디딤돌이다.

14 / 성공

Success is fleeting as the wind, born from passion's fire.

성공은 바람처럼 잠깐 동안이며, 열정의 불길에서 시작된다.

15 / 실패

In failure's embrace, we uncover the seeds of growth.

실패의 포옹 속에서, 우리는 성장의 씨앗을 발견한다.

16 / 역경

Adversity is a forge, tempering our resilience and strength.

역경은 우리의 회복력과 힘을 불러일으키는 대장간이다.

17 / 용기

Courage is the spark igniting change in the face of fear.

용기는 두려움을 맞서 변화를 점화시키는 불꽃이다.

18 / 걱정

Worry is a shadow, obscuring the light of possibility.

걱정은 가능성의 빛을 가리는 그림자이다.

19 / 불가능

The impossible is a mirage, dissolving before the determined.

불가능은 굳은 결심 앞에서 사라지는 신기루이다.

20 / 일

Work is a dance of diligence, shaping our destiny.

일은 성실의 춤으로, 운명을 형성한다.

21 / 풍족함

Wealth is a double-edged sword, offering comfort and power, but demanding responsibility.

풍족함은 양-날의 검으로, 안락함과 권력을 제공하지만, 책임을 요구한다.

22 / 돈

Money is a tool, its power harnessed by the hand that wields it.

돈은 도구이며, 그것을 잡는 손에 의해 그 힘은 마구가 채워진(길들여진)다.

23 / 시간

Time is life's currency, spent wisely, yielding untold riches.

시간은 인생의 화폐로, 현명하게 사용하면, 이루 말할 수 없는 부를 생산한다.

24 / 도전

Challenges shape us, sculpting resilience from our struggles.

도전은 우리를 형성하며, 고난에서 회복력을 빚어낸다.

25 / 증오

Hate is a consuming fire, destroying all it touches.

증오는 모든 것을 소모하(태우)는 섬뜩한 불길이다.

26 / 노력

Effort is the key to unlocking potential's hidden treasures.

노력은 잠재력에 숨겨진 보물(상자)를 여는 열쇠이다.

27 / 과거

The past is a teacher, instructing us through lessons learned.

과거는 선생님이며, 익힌 교훈을 통해 우리를 가르친다.

28 / 현재

The present is a fleeting gift, where we embrace the dance of life and forge our destiny.

현재는 순간적인 선물이며, 인생의 춤을 받아들이고 운명을 구축하는 곳이다.

29 / 미래

The future is an unwritten book, awaiting the pen of our intentions.

미래는 아직 쓰지 않은 책이며, 우리의 의도라는 펜을 기다리고 있다.

30 / 책

Books are gateways to worlds unseen, unlocking the power of imagination.

책은 보이지 않는 세계로의 입구이며, 상상력의 힘을 해방시킨다.

31 / 마음

The mind is a vast ocean, its depths teeming with untapped potential.

마음은 거대한 바다이며, 그것의 깊음에서 아직 미개척의 잠재력이 바글거린다.

32 / 리더

A leader is a beacon, inspiring others to reach greater heights.

리더는 등대이며, 다른 이들이 더 높은 곳을 향해 도달하도록 영감을 준다.

33 / 친구

 A true friend is the compass guiding us through life's storms.

진정한 친구는 인생의 폭풍 속에서 길잡이가 되는 나침반이다.

34 / 개

 Dogs are loyal companions, walking beside us with unwavering devotion.

개는 충실한 동반자로, 변함없는 헌신으로 우리 곁을 걷는다.

35 / 고양이

 Cats are enigmatic guardians, gracing our lives with their elegance and mystery.

고양이는 수수께끼 같은 수호자로, 우아함과 신비로 우리 인생을 가득 채운다.

36 / 아이들

 Children are seeds of potential, blossoming in nurtured soil.

아이들은 잘 가꾸어진 토양에서 꽃피는 잠재력의 씨앗이다.

37 / 음악

Music is the language of the soul, transcending barriers and uniting hearts.

음악은 영혼의 언어로, 장벽을 초월하고 마음을 결합시킨다.

38 / 유튜브

 YouTube is a digital stage, showcasing creativity and connecting minds.

유튜브는 디지털 무대로, 창의력을 선보이고 사람들의 마음을 연결한다.

39 / 달

The moon is a silent witness, casting its glow upon our nocturnal world.

달은 우리의 밤세상에 빛을 비추는 침묵의 증인이다.

40 / 죄

Sin is the shadow of our imperfections, an opportunity for growth and redemption.

죄는 우리의 불완전함의 그림자이며, 성장과 구원의 기회이다.

41 / 용서

Forgiveness is a healing balm, soothing the wounds of the soul.

용서는 영혼의 상처를 달래주는 치유의 연고이다.

42 / 신

God is the eternal mystery, a wellspring of faith and hope amidst uncertainty.

신은 영원한 신비이며, 불확실성 속에서 신앙과 희망의 원천이다.

43 / 운명

Destiny is a dance with fate, shaped by our choices and actions.

운명은 숙명과의 춤이며, 우리의 선택과 행동으로 형성된다.

44 / 코로나19

COVID-19 is a stark reminder of our interconnected world, urging us to unite against a shared adversary.

코로나19는 상호 연결된 세계의 뚜렷한 상기로, 공동의 적에 맞서 결속력을 발휘하도록 우리를 촉구한다.

45 / 인간

Humans are the architects of their own existence, weaving stories of triumph and vulnerability.

인간은 스스로의 존재의 건축가로, 승리와 취약함의 이야기를 짠다.

46 / 남성

Men are like the strong roots, anchoring and supporting life's foundation.

남성은 인생의 기초를 고정하고 지지하는 강한 뿌리와 같다.

47 / 여성

Women are like the nurturing branches, sheltering and sustaining life's growth.

여성은 인생의 성장을 보호하고 유지하는 양육하는 가지와 같다.

48 / 세계

The world is a tapestry, woven from the threads of diverse cultures.

세계는 다양한 문화의 실로 짠 태피스트리(양탄자)이다.

49 / 인공지능

AI is mankind's creation, mirroring our complexities and potential.

인공지능은 인류의 창조물로, 우리의 복잡함과 잠재력을 반영한다.

50 / 챗GPT

ChatGPT is a digital oracle, weaving words and wisdom to illuminate the human experience.

챗GPT는 디지털 오라클(신의 계시를 받는 곳)로, 인간 경험을 밝히기 위해 말과 지혜를 짠다.

마이클리시 수준별 책 소개

| 수준 | 입문 영어를 읽기 어려운 수준 | 초급 초등학생 ~ 중학생 수준 |

말하기 · 쓰기

아빠표 영어 구구단
영상 강의 포함

8시간에 끝내는
기초영어 미드천사
<왕초보 패턴>
음성 강의 포함

8시간에 끝내는
기초영어 미드천사
<기초회화 패턴>
음성 강의 포함

8문장으로 끝내는
유럽여행 영어회화
음성 강의 포함

단단 기초
영어공부 혼자하기
영상 강의 포함

6시간에 끝내는
생활영어 회화천사
<5형식/준동사>
음성 강의 포함

6시간에 끝내는
생활영어 회화천
<전치사/접속사
조동사/의문문
음성 강의 포함

읽기

TOP10 영어공부
음성 강의 포함

2시간에 끝내는
한글영어 발음천사
영상 강의 포함
음성 강의 포함

중학영어 독해비급
영상 강의 포함

챗GPT 영어명언
필사 200

4시간에 끝내는
영화영작
<기본패턴>

4시간에 끝내는
영화영작
<응용패턴>

4시간에 끝내는
영화영작
<완성패턴>

모든 책에 책의 본문 전체를 읽어주는
'원어민MP3'를 담았기에,
말하기/듣기 훈련이 가능합니다.

대부분의 책에 '무료음성강의'나
'무료 영상 강의'를 포함하기에,
혼자서도 익힐 수 있습니다.

한 번에 여러 권을 사지 마시고,
한 권을 반복해서 2번~5번 익힌 뒤에,
다음 책을 사는 것을 추천합니다.

영어명언
만년 다이어리

이상한 나라의 앨리스
영화 영어공부
공부법 영상 강의 포함

TOP10 연설문
음성강의 포함

고등영어
독해비급

수능영어
독해비급

잠언 영어성경

토익파트7
독해비급

TOP10
영한대역 단편소설

끝 없는 열정을 주신 **여호와**께, **예수**께 감사합니다.
내가 마음을 다하여 이 모든 일을 궁구하며 살펴 본즉 의인과 지혜자나 그들의 행하는 일이나 다 하나님의 손에 있으니 사랑을 받을는지 미움을 받을는지 사람이 알지 못하는 것은 모두 그 미래임이니라. (전도서 9:1)

책 작업을 가장 많이 도와준 **챗GPT**와 **챗GPT 개발자들**께 감사합니다.
집필할 수 있도록 도와준 **박혜진**께 감사합니다.
본문의 단어와 문장을 녹음해 주신 **Daniel Neiman**께 감사합니다.

영어와 디자인을 가르쳐 주신 선생님들(**강수정, 권순택, 김경환, 김태형, 문영미, 박태현, 안광욱, 안지미**)께 감사합니다.
책을 제작해주신 영신사 **홍사희, 문정훈, 김선진**께, 한서지업 **황상모**께 감사합니다.
책을 보관/배송해주시는 런닝북 **윤한식**(01052409885) 대표님께 감사합니다.
저희 아이들을 돌봐주신 학교/학원/어린이집 선생님들께 감사합니다.

이 책을 소개·판매해 주시는 교보문고(**배승현, 주혜경**), 랩스토어(**박진우, 김선희**), 리디북스, 북센(**박혜진**), 북채널(**김동규**), 북파트(**홍정일**), 세원출판유통(**강석도**), 알라딘(**김채희**), 영풍문고(**박지해, 박세정, 이용일, 임두근**), 인터파크(**송현주**), 한성서적(**문재강**), YES24(**정일품, 이재은, 김옥현**), 오프라인의 모든 MD분들께 감사합니다.

판매에 도움을 주시는 **유튜브** 관계자분들, **네이버** 카페, 블로그, 사전 관계자분들, **블로거분들**, 잡지사 관계자분들, **신문사** 관계자분들, **팟빵** 관계자분들께 감사합니다.

꾸준히 마이클리시 책을 구매해주시고, 응원해 주시는 **독자분들**께 진심으로 감사합니다.
즐겁게 영어 공부하실 수 있도록 열심히 집필하고 무료 강의 올리겠습니다.
궁금하신 점은 010-4718-1329, iminia@naver.com 으로 연락 주세요.

챗GPT 영어명언 필사 200

1판 1쇄   2023년 6월 8일

지은이   챗GPT, Mike Hwang

발행처   Miklish
전화   010-4718-1329
홈페이지   miklish.com
e-mail   iminia@naver.com
ISBN   979-11-87158-47-9